Selbstorganisierte Bildung

Gedanken zur Reformierbarkeit unseres Bildungswesens

von Lars Grünewald

1. Auflage 2013

Herstellung und Verlag:
BoD – Books on Demand, Norderstedt
ISBN 978-3-8482-6706-4

Inhalt

Nähere Informationen zum Thema dieses Aufsatzes finden sich auf der Website **www.selbstorganisierte-bildung.de**

Selbstorganisierte Bildung

1) Was ist Bildung?

Der Begriff der Bildung fasst alle diejenigen Prozesse zusammen, die dazu beitragen, menschliche Fähigkeiten zu entwickeln. Bildung hat es also immer mit Fähigkeitsentwicklung zu tun. Nun haben aber auch viele Prozesse eine sehr stark bildende Wirkung, bei denen diese Wirkung gar nicht beabsichtigt ist, sondern vielmehr unwillkürlich und gewissermaßen „nebenbei" eintritt: Alltägliche oder ungewöhnliche Erfahrungen, Gespräche und Begegnungen mit anderen Menschen, Schicksalsschläge (wie der Verlust eines Menschen oder des eigenen Arbeitsplatzes), die Auseinandersetzung mit praktischen oder psychischen Problemen oder mit einer Krankheit, die Übernahme privater oder beruflicher Verantwortung, die Auswirkungen wirtschaftlicher und sozialer Veränderungen: alle diese Geschehnisse können erheblichen Einfluss auf die Entwicklung menschlicher Fähigkeiten haben. Von dieser unwillkürlichen, nicht als solcher beabsichtigten Bildung unterscheiden sich solche Prozesse und Aktivitäten, die bewusst mit dem Ziel unternommen werden, die eigenen Fähigkeiten oder die Fähigkeiten anderer Menschen auszubilden. Wir wollen hier unter Bildung nur diejenigen Aktivitäten verstehen, die sich gezielt auf menschliche Fähigkeitsbildung richten, deren bildende Wirkung also beabsichtigt ist.

Bei allen bewusst vollzogenen Bildungsprozessen können wir einerseits immer nach dem jeweiligen Ziel fragen: *Welche* Fähigkeiten sollen entwickelt und ausgebildet werden? Davon zu unterscheiden ist die Frage, *wie* und auf welche Weise, d.h. mit welchen Mitteln die Fähigkeitsbildung gefördert werden soll. Insofern unterscheiden wir *Ziele* und *Mittel* der Bildung.

Bildungsprozesse können sich in drei unterschiedlichen *Formen* vollziehen:

- ∞ Eine Möglichkeit besteht darin, Bildung durch Institutionen organisieren und vermitteln zu lassen, wie dies etwa in Schulen, Berufsschulen, Universitäten usw. geschieht. Durch die Institutionalisierung wird eine gewisse Vereinheitlichung von Bildungsprozessen angestrebt, indem mehrere Menschen zugleich in Gruppen (z.B. in Schulklassen, Seminaren oder Kursen) mit der Erarbeitung bestimmter Bildungsinhalte beschäftigt sind. Diese Bildungsform können wir als **institutionelle Bildung** bezeichnen.

- ∞ Des weiteren können sich Bildungsprozesse in der unmittelbaren Begegnung zweier Menschen vollziehen. Der elementare Fall hierbei ist die Erziehung von Kindern durch ihre Eltern. Hier wirkt ein Mensch durch sein Verhalten auf einen anderen Menschen ein und kann diesen in der Entwicklung seiner Fähigkeiten fördern (oder auch behindern). Auch das Verhältnis zwischen dem einzelnen Lehrer und dem einzelnen Schüler, ebenso wie dasjenige zwischen zwei Schülern oder zwischen zwei Lehrern oder zwischen den beiden Eltern eines Kindes gehört dieser Ebene an. Da sich die eigentlichen sozialen Prozesse zwischen Menschen immer innerhalb konkreter zwischenmenschlicher Beziehungen vollziehen, lässt sich diese Bildungsform als **soziale Bildung** charakterisieren. Aus den erwähnten Beispielen geht hervor, dass sich soziale Bildungsprozesse durchaus innerhalb von Bildungsinstitutionen – also innerhalb des Rahmens institutioneller Bildung – abspielen können; sie sind aber auch außerhalb von Institutionen möglich. So ist ein Verhältnis zwischen Lehrer und Schüler sehr wohl ohne Schule denkbar und kommt z.B. im musikalischen Instrumentalunterricht häufig vor. Soziale Bildung kann ein Lehrer/Schüler-Gefälle aufweisen; sie ist aber genauso gut auf der Basis der prinzipiellen Gleichberechtigung beider Beteiligter möglich, wie dies etwa zwischen zwei Freunden, Schülern, Eltern, Lehrern usw. der Fall ist. Auch bei einem strukturell einseitigen Bildungsverhältnis wie demjenigen zwischen Lehrer und Schüler sind Bildungsprozesse in beide Richtungen möglich und findet auch zumeist tatsächlich statt, denn wenn z.B. ein Lehrer angesichts des Misserfolges seiner Bemühungen bei einem bestimmten Schüler seine Vorgehensweise ändert und zu einer anderen Vermittlungsmethode greift, dann ist er soeben von seinem Schüler belehrt und erzogen worden. Ebenso haben Kinder zumeist einen erheblichen erzieherischen Einfluss auf ihre Eltern. Soziale Bildung ist also immer tendenziell wechselseitig.

∞ Schließlich kann ich mich aus eigener Initiative und durch selbstbestimmte Tätigkeit um die Erarbeitung bestimmter Fähigkeiten und Bildungsinhalte bemühen. In diesem Falle ist kein anderer Mensch direkt an meiner Bildung beteiligt, so dass diese Bildungsform als **Selbsterziehung** zu kennzeichnen wäre. Selbsterziehung ist die einzige wirklich freie Bildungsform, denn hier bestimme ich die Ziele und Methoden der Bildung selber und wende sie auf mich selbst an. Der Erfolg institutioneller und sozialer Bildung hängt vielfach davon ab, dass mich die mit meiner Bildung beauftragten Institutionen und die um meine Förderung bemühten Menschen (Eltern, Freunde, Arbeitskollegen usw.) zu eigenen Anstrengungen, d.h. zu Selbsterziehungsprozessen anregen, so dass die Selbsterziehung wiederum integraler Bestandteil institutioneller und sozialer Bildung sein kann.

In der Realität wirken in Bildungsinstitutionen zumeist alle drei Bildungsformen zusammen. So sind z.B. in einer Schule allgemeine

Bildungsanforderungen, Schulstruktur und Schulordnung, Lehrpläne usw. institutionell vorgegeben. Die soziale Bildung entfaltet sich in den individuellen Beziehungen zwischen Schülern und Lehrern, zwischen Schülern und auch innerhalb des Lehrerkollegiums, während die aus eigener Initiative vollbrachten Entwicklungsschritte von Schülern und Lehrern auf Selbsterziehung beruhen.

Die Bedeutung von Bildung lässt sich nach zwei Richtungen hin kennzeichnen. Auf der einen Seite hängt von ihr die Möglichkeit der *Selbstverwirklichung* des einzelnen Menschen ab. Denn wir verwirklichen uns vor allem in unseren Handlungen, durch die wir bestimmte Ziele zu erreichen versuchen. Um unsere selbstgesetzten Ziele erreichen und die dazu erforderlichen Handlungen erfolgreich durchführen zu können, müssen wir über die hierfür erforderlichen Fähigkeiten verfügen, und diese müssen wir uns vielfach durch Bildung erst aneignen. Da also unsere Selbstverwirklichung von unserem eigenen Handeln, das erfolgreiche Handeln vom Vorhandensein bestimmter Fähigkeiten und deren Verfügbarkeit wiederum von entsprechenden Bildungsprozessen abhängt, ist Bildung eine wesentliche und notwendige Voraussetzung menschlicher Selbstverwirklichung: Ohne hinreichende Bildung bleibt ein Mensch hinter seinen Möglichkeiten zurück und kann sein mitgebrachtes Potenzial – seine Anlagen – nicht verwirklichen.

Andererseits kann auch das Zusammenleben von Menschen in einer Gesellschaft nur in dem Maße für alle Beteiligten zufriedenstellend verlaufen, in dem die in ihr lebenden Menschen über die notwendigen Fähigkeiten verfügen, so zu handeln, wie dies für das *Gelingen des gesellschaftlichen Zusammenlebens* erforderlich ist. Und auch die meisten Kompetenzen des menschlichen Sozialverhaltens im kulturellen, rechtlichen und wirtschaftlichen Leben müssen zumeist durch Bildung erworben werden, bevor Menschen sich in sozialen Zusammenhängen angemessen verhalten und betätigen können. Wenn also eine Gesellschaft die in ihr lebenden Menschen nicht richtig bildet und ausbildet, dann wird diese Gesellschaft immer mehr stagnieren und degenerieren; und es werden unweigerlich soziale Krisensituationen eintreten.

Wenn aber diese Krisensituationen – wie in unserer Gesellschaft – längst in erheblichem Umfang eingetreten sind, dann müsste sich die Gesellschaft in den jeweils betroffenen Bereichen grundlegend reformieren. Und auch die Konzeption und Durchführung gesellschaftlicher Reformen setzt bei den reformierenden Menschen geeignete Fähigkeiten voraus, die ihr Vorhandensein entsprechenden Bildungsprozessen verdanken. Wenn wir momentan das Ausbleiben solcher Reformen konstatieren müssen, die zu einer wirklichen *Verbesserung* unseres gesellschaftlichen Lebens führen, dann mag dies seine Hauptursache darin haben, dass den Menschen durchweg die zu grundlegenden gesellschaftlichen Reformen erforderlichen Fähigkeiten fehlen, weil diese Fähigkeiten nicht ausgebildet wurden und es möglicher Weise auch gar keine gesellschaftlichen Institutionen gibt, welche eine entsprechende Ausbildung dieser Fähigkeiten vermitteln. Wenn das so ist, dann wäre eine *Reform unseres Bildungssystems* die Voraussetzung aller weitergehenden Reformen unseres gesellschaftlichen Gesamtsystems.

2) Bildung als Anpassung

Von Reformen unseres Bildungssystems ist nun allerdings viel die Rede; spätestens seit der vielzitierten PISA-Studie aus dem Jahr 2000 steht die Bildungsthematik immer wieder im Mittelpunkt der öffentlichen Diskussion. Worum es allerdings bei all diesen Auseinandersetzungen überhaupt nicht gar nicht geht, ist der Aspekt der Selbstverwirklichung von Menschen durch die Entfaltung ihrer Anlagen und Talente. Statt unserer Gesellschaft neue Perspektiven und Potenziale durch die intensive Förderung individueller Fähigkeiten zu erschließen, setzt die momentan betriebene Bildungspolitik auf die kompromisslose Anpassung der Menschen an die bestehenden gesellschaftlichen Strukturen, nämlich an unser gegenwärtiges Wirtschaftssystem und an das politische System der durch die Europäische Union betriebenen europäischen Zentralisierung: Das antisoziale, bis in die Grundlagen unserer Gesellschaft hinein zerstörerisch wirkende Dogma von der Konkurrenz aller Kräfte innerhalb des Wirtschaftslebens einerseits sowie das Prinzip der Anpassung aller individuellen Bestrebungen an das zentralistische Steuerungssystem der EU, das zunehmend alle nationalen Gesetzgebungsprozesse determiniert und die Bewohner ihrer Mitgliedsstaaten zu Folgsamkeit und Gleichschaltung zwingt, stellen die beiden übergeordneten Leitlinien gegenwärtiger Gesellschaftspolitik dar.

Soll das bestehende System der wirtschaftlichen Konkurrenz und der politischen Determination weiterhin gesichert und ausgebaut werden, so bedarf dies einer entsprechenden Bildungspolitik, die auf diese beiden Prinzipien fixiert ist und dafür sorgt, dass in den staatlich sanktionierten Schulen und Hochschulen Menschen herangebildet werden, die ausschließlich daraufhin dressiert werden, sich diesen Strukturen anzupassen und innerhalb unseres wirtschaftlichen und politischen Systems problemlos zu funktionieren. Diesen Ansatz verfolgt die gegenwärtige Bildungspolitik ganz ersichtlich, weil von einem auf den Erhalt der gegenwärtigen gesellschaftlichen Strukturen ausgerichteten Bildungssystem keine Gefahr für die Stabilität des Gesamtsystems ausgeht. Umgekehrt könnten sich innerhalb eines freien, nicht durch die herrschenden Kräfte determinierten Bildungssystems Fähigkeiten und Perspektiven heranbilden, welche die Entwicklung wirkungsvoller Alternativen zur globalisierten Finanzwirtschaft und zum europäischen Einheitsstaat zur Folge haben könnten: Freie Bildung würde die Fähigkeit zu einer grundlegenden Systemkritik fördern können, während eine vom System selber organisierte und kontrollierte Bildung immer dazu tendiert, eine solche Systemkritik zu unterdrücken und grundlegende gesellschaftliche Reformen damit unmöglich zu machen.

Da überzeugende Reformperspektiven und deren wirksame Durchführung nur von Menschen mit entsprechend ausgebildeten Fähigkeiten zu erwarten sind, stellt die gezielte und systematische Unterdrückung solcher Fähigkeiten ein strategisches Leitziel der gegenwärtig herrschenden politischen und wirtschaftlichen Kräfte dar: Es geht darum, die Möglichkeiten zu individueller Selbstverwirklichung und eigenständiger Orientierung von Menschen systematisch zu beseitigen, um gesellschaftliche Reformen – und damit verbundene Verschiebungen im gesellschaftlichen Machtgefüge – unter allen Umständen zu verhindern. Und da die Möglichkeit menschlicher Selbstverwirklichung (wie oben dargestellt) ganz wesentlich von der Ausbildung entsprechender Fähigkeiten abhängt, muss die Verhinderung freier menschlicher Persönlichkeitsentwicklung bei der Gestaltung und Steuerung des Bildungssystems ansetzen. Ist die zentralistische Umformung des Bildungswesens erst einmal auf internationalem Niveau gelungen, dann wird es keine offizielle Möglichkeit mehr zur Ausbildung „systemfeindlicher" Fähigkeiten geben.

Es liegt in der Natur der hier skizzierten Zielsetzung, dass sich die internationale Umformung der nationalen Bildungssysteme primär auf die *institutionelle* Bildung richtet: Bildungsreform bedeutet nach dem allgemein vorherrschenden Verständnis *Reform der Schulen und Hochschulen.* Die Umgestaltung des nationalen Schulsystems erhielt ihr Startsignal durch die Ergebnisse der ersten *PISA-Studie*, die von der *Gesellschaft für wirtschaftliche Zusammenarbeit und Entwicklung* (OECD) – also einer rein wirtschaftsorientierten Organisation – mit dem Ziel in Auftrag gegeben wurde, festzustellen, in welchen Ländern das Schulsystem noch nicht hinreichend den Strukturen des kapitalistischen Wirtschaftssystems und den sogenannten „Erfordernissen des Arbeitsmarktes" angepasst worden war. Infolge der „alarmierenden" Ergebnisse dieser Studie für das deutsche Schulsystem wurde daraufhin der nationale Bildungsnotstand ausgerufen und zu dessen Beseitigung von der damals amtierenden Bundesbildungsministerin Bulmahn eine sieben Punkte umfassende Doktrin zur radikalen Umgestaltung des Schulsystems vorgestellt:[1] Bildung werde sich fortan an sog. *Nationalen Bildungsstandards* orientieren, deren Einhaltung von allen Schülern zu fordern und mit Hilfe regelmäßiger Tests zu überprüfen sei. Den Lehrern fällt dabei vor allem die Aufgabe zu, die Schüler möglichst wirkungsvoll auf diese Test vorzubereiten. Zudem sei allen Schulen der Zwang zu staatlich zertifizierten Qualitätskontrollen aufzuerlegen; die gesamte Lehrerbildung habe sich auf „kompetenzorientierte" Unterrichtsgestaltung und auf die beständige Kontrolle und Dokumentation der erreichten Ergebnisse auszurichten. Die Grundlinien eines solchen Konzepts finden sich in einer u.a. vom Bundesbildungsministerium in Auftrag gegebenen, knapp sechshundertseitigen Studie mit dem bezeichnenden Titel „Qualität entwickeln – Standards sichern – mit Differenz umgehen"[2], deren Studium sich empfiehlt, um sich die angestrebte Richtung der Schulpolitik in aller Deutlichkeit zum Bewusstsein zu bringen.

In dieser Studie wird auch deutlich, worum es bei dieser Bildungsreform im Kern geht. Was nämlich bei den Schülern ausgebildet werden soll, sind „Kompetenzen". Nun ist *Kompetenz* natürlich ein Wort, das ausgesprochen positiv klingt, denn wer ist schon gerne inkompetent? Entscheidend ist aber, was hier bei allem Wohlklang des Wortes unter Kompetenz verstanden wird. Die Autoren der Studie führen hierzu aus: „Es geht beim Kompetenzbegriff [...] um erworbene Handlungs-, Operations- und Begriffsschemata, die Personen dazu befähigen (sollen), innerhalb bestimmter bereichsspezifi-

---

[1] Einige nähere Erläuterungen hierzu finden sich in meinem Vortrag *Schule ohne Abschluss*, S. 8 – 17, erhältlich beim Autor.

[2] Jürgen Oelkers/Kurt Reusser: *Qualität entwickeln - Standards sichern - mit Differenz umgehen*, Bildungsforschung Band 27, Bonn und Berlin 2008.

scher Rahmen Probleme zu lösen" (S. 26). „Fähigkeiten sind demnach habituell gewordene Denkstrukturen (flexible habits), die auf intelligente Formen der Anpassung zurückzuführen sind" (S. 27). Das Ziel dieser Pädagogik ist also die Anpassung der Schüler an die gegebenen gesellschaftlichen Umstände, d.h. an das bestehende System! „In der neueren Literatur ist auch von ,adaptive thinking' die Rede, also die Anpassung der Problemlösung an die sozialen Gegebenheiten" (S. 27). Diese Anpassungsideologie, welcher sämtliche Schüler, Lehrer, Schulen und Lehrerausbildungsstätten unterworfen werden sollen, soll sicherstellen, dass die sozialen Gegebenheiten nicht verändert werden: Für den Erhalt eines auf Anpassung ausgerichteten Systems müssen Menschen dazu abgerichtet werden, nicht etwa das System grundlegend in Frage zu stellen, sondern lediglich *innerhalb* dieses Systems „bereichsspezifische Probleme" lösen zu können.

Genau dieselbe zentralistische Standardisierungs- und Regulierungsstrategie vollzieht sich im Bereich der europäischen Hochschulen in Form des sogenannten *Bologna-Prozesses*. Die Errichtung eines einheitlichen, zentral kontrollierten Hochschulsystems ist nämlich für die Ausbildung einer systemkonformen Bildungselite mittel- und längerfristig eine unabdingbare Voraussetzung. Vor allem muss hierzu die Möglichkeit kritischer, frei durchgeführter wissenschaftlicher Auseinandersetzungen mit frei gewählten Themen verhindert bzw. beseitigt werden. Die europaweite Standardisierung sieht in allen Fachbereichen zwei einheitliche Studienabschlüsse vor (Bachelor und Master); sie erzwingt die Einführung einheitlicher Regelstudienzeiten, modularisierter Studiengänge, eines einheitlichen Punktesystems, einheitlicher und mechanisch anzuwendender Bewertungsschlüssel für die Beurteilung von Studienleistungen und -abschlüssen sowie die allgemeine Systemkonformität aller Hochschulen: Entzieht sich eine Hochschule den staatlich verordneten Akkreditierungsverfahren, so verweigert ihr der Staat die Befugnis zur Verleihung regulärer akademischen Titel und Abschlüsse.[3] – Im Mittelalter oblag die Anerkennung universitärer Studiengänge den vom Papst ernannten Kardinälen, heute maßt sich die Europäische Union in Fortführung des klerikalen Kampfes gegen geistige Freiheit und Unabhängigkeit eine derartige Regulierungsfunktion an. In beiden Fällen geht es um dasselbe Ziel, nämlich um langfristigen Machterhalt und die dafür notwendige Kontrolle über die Ausbildung junger Menschen.

Und die hier beschriebenen Aktivitäten zur zentralistischen Regulierung des Bildungswesens werden sich zukünftig verstärkt fortsetzen, denn durch das Zusammenwirken der immer weiter steigenden Staatsverschuldung mit den (gesetzlich legalisierten) Währungsspekulationen an den internationalen Finanzmärkten und den von der EU in Reaktion darauf errichteten „Rettungsschirmen" und „Stabilitätsmechanismen" ist eine Situation entstanden, in welcher die einzelnen Staaten in immer größerem Umfang von der Unterstützung durch internationale Finanzhilfen abhängig werden. Und diese finanziellen Hilfen werden natürlich nur gewährt, falls die Haushaltspolitik der einzelnen Länder den steuerungspolitischen Vorstellungen ihrer Geldgeber entspricht: Vehement fordern Spitzenpolitiker im vermeintlichen „Interesse Europas" eine Kontrolle der einzelnen Staatshaushalte durch Gremien der Europäischen Union. Diese angestrebte finanzpolitische Diktatur vernichtet zwangsläufig den haushaltspolitischen Spielraum der einzelnen Mitgliedsstaaten zur souveränen Gestaltung ihrer Wirtschafts- und Kulturpolitik und damit die Möglichkeit zu einer autonomen, von europäischen Einheitsstandards unabhängigen nationalen Bildungspolitik. Durch die angedrohte Verweigerung finanzieller Hilfeleistungen wird es künftig ein Leichtes sein, die nationalen Bildungssysteme den wirtschaftlichen und politischen Zielsetzungen der Europäischen Union und ihrer lei-

---

[3] Sehr empfehlenswert zu diesem Thema ist der Aufsatz von Jochen Krautz: *Die sanfte Steuerung der Bildung* in der *Frankfurter Allgemeinen Zeitung* vom 29.09.2011, Nr. 227, S. 8.

tenden Kräfte anzupassen: Die gesamte europäische Wirtschafts-, Kultur- und Bildungspolitik wird zukünftig der Diktatur der Europäischen Union unterworfen sein, bei deren Politik es sich um nichts anderes als um die *systematisch betriebene wirtschaftliche und kulturelle Verelendung Europas* handelt. Durch eine entsprechend verflachte Schul- und Hochschulbildung wird es immer weniger Menschen geben können, die überhaupt noch die Fähigkeit zur Entwicklung alternativer kultureller, politischer und wirtschaftlicher Perspektiven und zu deren Umsetzung haben, denn die derzeitige gesamteuropäische Bildungspolitik hat vor allem das Ziel, die Heranbildung möglicher Systemgegner zu verhindern, indem sämtliche Bildungsprozesse auf eine Anpassung an das gegenwärtig herrschende System abzielen.[4]

Wie bereits erläutert, setzen die zentralistischen Bildungsreformen immer bei den staatlichen Bildungsinstitutionen – also auf der Ebene der *institutionellen Bildung* – an. Deren zunehmende Vereinheitlichung wird nun vor allem dadurch bewirkt, dass die Gestaltung zwischenmenschlicher Beziehungen und das geforderte Lehr- und Lernverhalten der einzelnen Akteure in Bildungsinstitutionen zunehmend vorgegebenen funktionalen Einheitsmustern angepasst und diesbezüglich laufend kontrolliert und überwacht wird (ein Prozess,

---

[4] Allerdings ist auch die europäische Zentralisierung laut *Winston Churchill* nur ein Durchgangsstadium. In einer Rede vom 14. Mai 1947 hat er dazu folgendes ausgeführt: „Wir geben uns natürlich nicht der Täuschung hin, dass die Vereinigten Staaten von Europa die letzte und vollständige Lösung aller Probleme der internationalen Beziehungen darstellen. Die Schaffung einer autoritativen, allmächtigen Weltordnung ist das Endziel, das wir anzustreben haben. Wenn nicht eine wirksame Welt-Superregierung errichtet und rasch handlungsfähig werden kann, bleiben die Aussichten auf Frieden und menschlichen Fortschritt düster und zweifelhaft. Doch wollen wir uns in Bezug auf das Hauptziel keiner Illusion hingeben: Ohne ein Vereinigtes Europa keine sichere Aussicht auf eine Weltregierung. Die Vereinigung Europas ist der unverzichtbare erste Schritt zur Verwirklichung dieses Zieles" (Winston S. Churchill: *His complete Speeches 1897-1963*, Chelsea House/ Bowker, New York 1974).

der unter der ebenso wohlklingenden wie irreführenden Bezeichnung „Qualitätssicherung und Qualitätsentwicklung" eine ungeheure Verbreitung erlangt hat). Als eigentliches Problem unseres Bildungssystems stellt sich demnach die systematische institutionalisierte Beseitigung der individuellen Entfaltungsmöglichkeiten zwischenmenschlicher Beziehungen und der Möglichkeit selbst bestimmter, initiierter und verantworteter Bildungsprozesse dar: Die negative Zielsetzung der gegenwärtigen Bildungsreformen richtet sich auf die *Vernichtung der sozialen Bildung und der Selbsterziehung*. Die freie Entwicklung sozialer Bildungsprozesse wird dadurch verhindert, dass die jeweiligen zwischenmenschlichen Beziehungen durch externe Vorgaben (Lehrpläne, Standards, formalisierte Vermittlungsabläufe, Prüfungen, Qualitätskontrollen usw.) derartig umfassend kontrolliert und determiniert werden, dass ein freies und individuelles Eingehen der Menschen aufeinander nicht mehr möglich ist: Der Lehrer ist nur noch Funktionsträger der obrigkeitsstaatlich kontrollierten Institution Schule. Die soziale Bildung durch unmittelbare Menschenbegegnung ist nun aber gerade bei der Erziehung von Kindern der entscheidende pädagogische Faktor. Indem der Staat die Persönlichkeit des Lehrers durch externe Zwangsregulierung in ihrer Autonomie ausschaltet und ihn zum bloßen Erfüllungsgehilfen politisch verfügter Zielsetzungen degradiert, wird eine menschengemäße Erziehung grundlegend verhindert.

Da sich nun die Selbsterziehung nicht, wie die soziale Bildung innerhalb von Institutionen, verbieten lässt, besteht das angewendete Mittel zu ihrer Verhinderung darin, Schüler, Studenten und Lehrer durch intensive institutionelle Anforderungen derartig in Zeitdruck und in eine permanente Überforderungssituation zu bringen, dass für aus eigener Initiative durchgeführte Bildungsprozesse – wie die Beschäftigung mit selber gewählten Themen oder die Verfolgung selbstbestimmter Zielsetzungen – immer weniger Zeit und Kraft übrig bleiben: Durch das dichte, vollständig durchgeplante Korsett institutioneller Bildung wird freie Bildung zwar nicht verboten, aber faktisch unmöglich gemacht und dadurch weitgehend eliminiert.

Eine inzwischen vielfach beobachtete Hauptwirkung der gegenwärtigen Bildungspolitik ist daher, dass sie Schüler und Studenten zunehmend *depressiv* macht, indem sie die individuellen Entwicklungsmöglichkeiten von Menschen systematisch behindert: In Schulen, Universitäten, Berufsausbildungen usw. wird die Entwicklung und Selbstverwirklichung vor allem junger Menschen zunehmend in einheitliche, von politischen Entscheidungsträgern vorgegebene Bahnen gezwängt, in denen es darum geht, sich auf genau vorgeschriebenen Wegen willkürlich festgesetzte Fähigkeiten anzueignen und in Prüfungen abzurufen, um zu einem staatlich anerkannten Schul-, Hochschul- oder Ausbildungsabschluss zu gelangen, der dann angeblich die „Chancen auf dem Arbeitsmarkt" erhöht. Was aber Menschen aus sich selber machen wollen, welche Fähigkeiten, Talente und Neigungen sie dazu mitbringen und wie diese Fähigkeiten zu entwickeln wären: All diese Fragen spielen in der gegenwärtigen Bildungspolitik gar keine Rolle. Zahlreiche Fähigkeiten von Menschen bleiben aufgrund fehlender Förderung unentwickelt, weil diese Fähigkeiten innerhalb des bestehenden Systems nicht gebraucht werden oder diesem sogar gefährlich werden könnten. Das bedeutet aber, dass die hiervon betroffenen Menschen in ihrer Entwicklung hinter ihren Möglichkeiten zurückbleiben und ihr mitgebrachtes Potenzial nicht entfalten können. Das systematische Verkommenlassen individueller Anlagen und Talente führt notwendiger Weise immer mehr zu klischeehaften Lebensmustern und stagnierenden Einzelbiographien. Und diese tragischen Entwicklungen bleiben natürlich nicht ohne schwerwiegende Konsequenzen für die seelische Entwicklung der Betroffenen und insbesondere für deren Selbstwertgefühl: Depressionen und Aggressionen sind die immer häufiger zu beobachtenden Folgen einer inhumanen Bildungspolitik, die in ihren

Konsequenzen daher auch eine schwer gesellschaftsschädigende Wirkung hat.

3) Freie Bildung

Da unser Bildungssystem ausschließlich auf den Erhalt der gegenwärtigen politischen und wirtschaftlichen Strukturen ausgerichtet ist, muss es die freie Bildung von Menschen verhindern, um den Fortbestand dieser Strukturen nicht zu gefährden, denn von frei ausgebildeten, in der Entwicklung ihrer individuellen Fähigkeiten geförderten Menschen könnten ernst zu nehmende Impulse zu grundlegenden gesellschaftlichen Veränderungen ausgehen. Unser System bildet daher Menschen nicht um ihrer selbst willen, sondern für das System aus, indem es sie dessen vorgeblichen wirtschaftlichen und politischen Notwendigkeiten anpasst. Durch eine solche Anpassung werden aber gesellschaftliche Reformen systematisch verhindert, denn Reformen erfordern Fähigkeiten, Fähigkeiten müssen ausgebildet werden, und die Ausbildung von Fähigkeiten verlangt entsprechende Ausbildungsmöglichkeiten, die das bestehende System aber nicht zur Verfügung stellt. Resultat dieser Entwicklung ist eine stagnierende Gesellschaft, die immer unfähiger wird, mit ihren – aus genau diesem Grund – immer weiter eskalierenden sozialen Problemen umzugehen.

Angesichts dieser Situation erscheint eine *Befreiung unseres Bildungssystems aus den staatlichen Zwängen* als der einzige für unsere Gesellschaft wünschenswerte Ausweg aus der gegenwärtigen Misere. Bildung fördert nämlich – wie oben dargestellt – nicht nur die Selbstverwirklichung des einzelnen Menschen, sondern sie ist auch eine grundlegende Voraussetzung für die Entwicklungsfähigkeit und die Reformfähigkeit einer Gesellschaft. Die Förderung individueller Fähigkeiten ist daher nichts, vor dem die Gesellschaft durch die Zwangsregulierungen eines Obrigkeitsstaates geschützt werden müsste; vielmehr wäre die freie und ungehinderte Entwicklung menschlicher Fähigkeiten und deren Förderung durch eine von staatlichen Zwängen befreite Bildung die einzige Perspektive für eine Lösung unserer sozialen Probleme, die ja gerade durch die Strukturen unseres gegenwärtigen Systems – sowie durch die Weigerung der Machthaber dieses Systems, grundlegende Reformen zuzulassen – verursacht worden sind. Es käme also darauf an, die individuelle Selbstverwirklichung und die Interessen unserer Gesellschaft als Ganzes nicht gegeneinander auszuspielen, sondern vielmehr zu begreifen, dass die freie Entfaltung menschlicher Fähigkeiten die Voraussetzung jeder Weiterentwicklung einer Gesellschaft im Interesse der in ihr lebenden Menschen darstellt: Wie sollte sich eine Gesellschaft denn weiter entwickeln können ohne die Weiterentwicklung ihrer einzelnen Mitglieder, da doch die Gesellschaft nichts anderes ist als die Summe der in ihr lebenden Einzelpersönlichkeiten?

Nun erscheint aber eine Befreiung unseres Schul- und Hochschulwesens von staatlichen Regulierungen gegenwärtig kaum denkbar, denn eine solche Befreiung würde eine grundlegende Reform unseres gesamten Bildungssystems – genauer gesagt: eine Reform der institutionellen Bildung – voraussetzen. Allgemeine institutionelle Bildungsreformen gehen innerhalb unseres gesellschaftlichen Systems immer von der Politik aus, da sie auf dem Beschluss und der Umsetzung von Gesetzesvorlagen beruhen. Wer also unsere Bildungsinstitutionen umgestalten wollte, der müsste zunächst die politischen Strukturen grundlegend reformieren. Konkreter formuliert: Er müsste den „Prozess der europäischen Einigung" aufhalten. Dieser Prozess ist von seinen Initiatoren wiederholt als „unaufhaltsam" bezeichnet worden; und er ist es auch tatsächlich, weil die europäische Bevölkerung in dieser Scheindemokratie gar keine Möglichkeit hat, abweichende politische Auffassungen zur Geltung zu bringen. Da aber die Bevölkerung Europas keinen nennenswerten inhaltlichen Einfluss auf die Gestaltung der europäischen Politik hat, handelt es sich bei der Europäischen Union nicht um eine Demokratie, sondern um eine *administrative Diktatur*. Diese Diktatur ist so konzipiert, dass sie nicht von unten, sondern nur von oben reformierbar ist; und da dieses System mit dem Ziel errichtet wurde, auf demokratischem Weg prinzipiell unreformierbar zu sein, hat auch eine durch die Politik veranlasste Befreiung unseres Bildungssystems keine Aussicht auf Verwirklichung: Eine *administrative* – d.h. von oben verfügte – Befreiung der Bildung wird es deswegen nicht geben, weil die Administratoren des Systems ein überragendes strategisches Interesse daran haben, aus Gründen des Systemerhaltes keine freie Bildung zuzulassen (s.o.); eine *demokratische* Befreiung unseres Bildungswesens hingegen hat keine Aussicht auf Erfolg, weil es keine Demokratie gibt, die eine solche Reform veranlassen könnte.

Ein naheliegender Ausweg aus dem Elend staatlich regulierter Bildung wäre die Errichtung *freier Bildungsinstitutionen*. Und in der Tat gibt es auch eine ganze Reihe von Schulen, Schulbewegungen und Hochschulen, die in sogenannter freier Trägerschaft errichtet sind und auf dem Prinzip der *institutionellen Selbstverwaltung* beruhen. Jedoch wird z.B. eine Schule von Staat nur dann als allgemein bildend anerkannt, wenn sie ihre Schüler zu einem mit den Staatsschulen vergleichbaren Abschluss führt, d.h. zu einem Abschluss, dessen Kriterien durch den Staat genormt und bestimmt sind. Das gleiche gilt für Berechtigung freier Hochschulen zur Vergabe allgemein anerkannter akademischer Abschlüsse. Und über diese genormten Schul- und Studienabschlüsse werden auch die sogenannten freien Schulen und Hochschulen letztlich politisch determiniert und unter Kontrolle gehalten. Die Ausrichtung auf solche vorgegebenen Abschlüsse nötigt die betreffenden Institutionen nämlich dazu, ihre gesamten Lehr- und Studienpläne letztlich auf die verordneten Abschlüsse hin zu orientieren. Von einer freien Bildung kann bei einer solchen staatlichen Nötigung keine Rede mehr sein. So haben denn auch etwa viele Waldorfschulen das Modell der staatlichen Profiloberstufe übernommen; sogenannte freie Hochschulen haben sich gemäß den Richtlinien des von der EU initiierten Bologna-Prozesses akkreditiert bzw. haben eine solche Akkreditierung beantragt, weil sie sich in ihrer Existenz vom Recht zur Verleihung staatlich anerkannter akademischer Titel abhängig glauben. Insofern gibt es in der Realität weit weniger freie Bildungsinstitutionen, als es die klangvolle Bezeichnung „freie Schule" oder „freie Hochschule" vermuten lassen könnte.

Die nächste mögliche Konsequenz wäre nun, auf die staatliche Anerkennung zu verzichten und sich damit auch der Verpflichtung zur Vergabe politisch verordneter Schul- und Hochschulabschlüsse zu entledigen. Diese Maßnahme würde aber bei den Schulen mit der allgemeinen Schulpflicht kollidieren, d.h. mit der Verpflichtung jedes Kindes bzw. Jugendlichen, eine allgemeinbildende Schule mit allgemein anerkannten Abschlüssen zu besuchen. Vor allem aber dürfte es nur relativ wenige Eltern geben, die bereit wären, ihr Kind dem vermeintlichen Risiko auszusetzen, ohne allgemein anerkannten Schulabschluss in das gesellschaftliche Arbeitsleben einzutreten. Ebenso kämen vermutlich vielen Studierenden die beruflichen Qualifikationsmöglichkeiten einer Hochschulbildung ohne konventionellen akademischen Abschluss stark eingeschränkt vor. Wie wertvoll die staatlich anerkannten Schul- und Hochschulabschlüsse für das Leben und die Arbeitsmöglichkeiten junger Menschen tatsächlich sind, würde eine nähere Untersuchung verdienen; Tatsache aber ist: Schulen und Hochschulen ohne allgemein qualifizierenden Abschluss finden in unserer Gesellschaft zumindest momentan noch eine bei weitem zu geringe Akzeptanz, um in ihnen eine allgemein praktikable und wirkungsvolle Alternative zu den gegenwärtigen staatlich organisierten Bildungsformen zu sehen.[5]

---

[5] Aufgrund der zunehmenden Unfähigkeit des Staates, die von ihm organisierte Bildung auch zu finanzieren, wird die Gestaltung der Schul- und Hochschulpolitik

Außerdem zeigt sich bei näherer Betrachtung, dass viele sogenannte freie Bildungsinstitutionen ihre Freiheiten durchaus nicht unter dem direkten Druck staatlicher Direktiven aufgeben, sondern vielmehr aus eigenem Entschluss, weil sie sich nämlich von der Vergabe staatlich anerkannter Abschlüsse eine höhere gesellschaftliche Akzeptanz versprechen. Nicht selten sind es dabei wirtschaftliche Motive (also die Angst um die eigene Existenz), aufgrund derer sich „freie" Institutionen externen Zwängen unterwerfen bzw. sich diese Zwänge selber verordnen. Das bedeutet aber, dass den Vertretern der betreffenden Institutionen ihre eigene gesellschaftliche Akzeptanz wichtiger ist als die Freiheit der Bildung. Und so lange das in überwiegendem Maße der Fall ist, kann eine Befreiung des Bildungswesens durch freie Bildungsinstitutionen nicht gelingen.

Und nicht weniger macht sich das fehlende unbedingte Interesse an der Verwirklichung freier Bildungsformen erfahrungsgemäß auch intern in selbstverwalteten Bildungsinstitutionen geltend: Cliquenbildungen, offizielle und inoffizielle Machthierarchien, gegenseitiger Argwohn und Desinteresse an freien Arbeitsformen, zunehmende Standardisierung und Mechanisierung entweder durch selbstverordnete Regeln und Beschlüsse oder durch schlichte Gewohnheit und allmählich einsetzende Trägheit und Schläfrigkeit, interne und öffentliche Rituale, die scheinbar für eine gelingende Selbstverwaltung und für die Selbstdarstellung nach außen unverzichtbar sind, eigene Qualitätssicherungsverfahren, Leitbilder, die als gemeinsame Nor-

---

zunehmend in den Verantwortungsbereich derjenigen Kreise übergehen, die über die dazu erforderlichen finanziellen Mittel verfügen, nämlich in die Zuständigkeit der Großindustrie und ihrer Interessenvertreter. Dies wird dann endgültig dazu führen, Kinder und Jugendliche nur noch mit dem Ziel heranzubilden, sich ganz in den Dienst der kapitalistischen Wirtschaftsordnung zu stellen, d.h. ihr Leben als anpassungsfähige und -willige Arbeitskräfte bzw. als staatlich kontrollierte Sozialhilfeempfänger zu verbringen. Diese Tendenz ist, was z.B. die Gestaltung der Hochschulpolitik durch maßgebliche wirtschaftsorientierte Institutionen angeht, bereits in vollem Gange (siehe hierzu auch den in Anmerkung Nr. 3 gegebenen Literaturhinweis).

men dienen (und denen daher im Prinzip alle einzelnen Aktivitäten zu unterwerfen sind): Die Liste freiheitsfeindlicher Faktoren in selbsternannten freien Bildungsinstitutionen ist lang. Natürlich ist es eine berechtigte Frage, wie viel Freiheit eine Institution zulassen kann, um überhaupt noch verwaltbar zu sein. Aber viele der selbst beschlossenen Regulierungsmaßnahmen wären zur Gestaltung der institutionellen Arbeit entbehrlich und schaden den ursprünglichen Intentionen, die zur Gründung der betreffenden Institutionen geführt haben.

Wenn nun aber in selbstverwalteten Bildungsinstitutionen vielfach dieselben Schwierigkeiten und Mechanismen anzutreffen sind wie in staatlich kontrollierten Schulen und Hochschulen, dann scheint es sich bei der Organisation freier Bildung um ein Problem zu handeln, das seine Ursache in sehr allgemeinen menschlichen Eigenschaften hat, nämlich insbesondere in dem Verlangen nach sicherer Orientierung, nach Ordnung, überschaubaren Verhältnissen sowie nach einheitlichen Standards und Regeln. Diese Tendenz zur Regulierung und zur Anpassung an Normen entspringt (allgemein gesprochen) prinzipiell immer der Angst vor chaotischen, unkalkulierbaren Verhältnissen, die den eigenen Interessen und der eigenen Sicherheit gefährlich werden können. Dem gegenüber bringt wirkliche Freiheit allerdings immer ein erhebliches Maß an Unberechenbarkeit und Risiko mit sich. In dem Ausmaß, in welchem die Angst vor der Freiheit das Bedürfnis nach ihr überwiegt, wird es natürlich auch nicht gelingen können, freiheitliche Verhältnisse in Bezug auf Bildungsformen oder andere Formen individueller und gesellschaftlicher Betätigung herbei zu führen.

Bisher wurde nur vorausgesetzt, dass freie Bildungsinstitutionen freie Menschen heranbilden sollen. Aber freie Bildungsinstitutionen können doch auch nur von freien Menschen organisiert, betrieben und verwaltet werden. Woher sollen nun diese Menschen die zur Organisation von freier Bildung erforderlichen Fähigkeiten herbekommen, da es doch in unserer Gesellschaft freie Bildungsinstitutionen nicht oder nicht in nennenswertem Umfang gibt? Hier scheint ein logischer Zirkel vorzuliegen, indem es weder freie Menschen ohne freie Bildung, noch freie Bildung ohne freie Menschen geben kann. Damit stellt sich der Gedanke einer unmittelbaren Reform unseres Bildungswesens mit dem Ziel der Begründung freier Bildungsinstitutionen oder der Befreiung bereits bestehender Institutionen als unrealistisch und illusorisch heraus: *Eine Befreiung unseres Bildungswesens kann nicht in einer Reform der institutionellen Bildung bestehen*, da von den durch unser Bildungssystem herangebildeten Menschen gar nicht erwartet oder gar verlangt werden kann, dass sie in der Lage wären, freie Bildung zu organisieren und zu betreiben. Statt dessen stellt sich die Frage: Wie können sich Menschen die zur Organisation freier Bildung erforderlichen Fähigkeiten aneignen, wenn es hierfür keine geeigneten Institutionen gibt?

4) Selbstorganisierte Bildung

Eines der Hauptprobleme für eine gründliche Ausbildung der eigenen Anlagen und Talente zu verfügbaren Fähigkeiten ist der Umstand, dass Bildung heute ganz überwiegend immer noch als *Konsumgut* behandelt wird. So war früher die Redewendung üblich, ein Mensch habe eine gute Bildung oder Ausbildung „genossen". Diese Auffassung, der zufolge Bildung etwas darstellt, was von anderen produziert und konsumfertig für den eigenen Gebrauch zubereitet wird, führt dann natürlich zu einer einseitigen Anspruchs- und Erwartungshaltung an *andere* Menschen und Institutionen bzw. an die Gesellschaft als Ganzes: Der Staat oder auch die freien Schulen sollen Bildung so organisieren, dass sie den eigenen Ansprüchen und den Bedürfnissen anderer Menschen gerecht werden.

Diese Konsumhaltung in Bezug auf Bildung ist aber nur in einer einzigen Situation gerechtfertigt, nämlich in der Erwartungshaltung des zu eigenen bewussten Bildungsanstrengungen noch unfähigen Kindes gegenüber seinen Eltern und Lehrern. Für erwachsene Menschen und auch schon für viele Jugendliche in unserer Zeit ist diese Haltung aber ebenso unangebracht wie aussichtslos: Es wurde ja oben bereits dargestellt, dass vom Staat keine Bildungsfreiheit und keine freie Bildung zu erwarten ist, sondern im Gegenteil eine immer weitergehende Abrichtung der Menschen zum Erhalt unseres politischen und wirtschaftlichen Systems. Und auch „freie" Schulen und Hochschulen sind – wie die Erfahrung zeigt – mit dem Anspruch, eine freie, an den individuellen Bedürfnissen der Schüler und Studierenden ausgerichtete Bildung zu organisieren, zumeist deutlich überfordert. Das Anspruchsdenken, dem zufolge andere Menschen für mich meine Bildung organisieren sollen, läuft also ins Leere; es handelt sich hier um ein traditionelles Muster, das in vergangenen gesellschaftlichen Situationen mehr oder weniger funktioniert hat, heute aber hoffnungslos veraltet und unbrauchbar geworden ist.

Da also mit einer Veränderung unseres staatlich kontrollierten, im wesentlichen durch Wirtschaftsinteressen bestimmten Bildungssystems bis auf weiteres nicht zu rechnen ist, werden diejenigen, die hier nicht resignieren und auf eine Ausbildung ihrer Fähigkeiten verzichten wollen, selber für eine Bildung und Ausbildung sorgen müssen, die ihren individuellen Bedürfnissen und Möglichkeiten entspricht. Es bleibt demnach nichts anderes übrig, als sich seine eigene, von staatlichen Vorgaben vollkommen unabhängige Bildung *selber zu organisieren* und sich diejenigen Grundfähigkeiten anzueignen, die erforderlich sind, um das eigene Leben und die eigene Entwicklung selber gestalten zu können. Nun setzt allerdings die selbständige Organisation der eigenen Bildung erhebliche Fähigkeiten voraus, die ich mir zunächst einmal aneignen muss, bevor ich die Möglichkeit habe, meine eigenen Bildungsziele und –methoden selber zu bestimmen und ggf. anderen bei ihren Bildungsanstrengungen behilflich zu sein und mit ihnen zusammenzuarbeiten. Welche grundlegenden Fähigkeiten sind zur Selbstorganisation von Bildung erforderlich?

∞ Meine eigene Bildung selber zu organisieren, verlangt ein ganz erhebliches Maß an Initiative, Willensstärke und Selbstdisziplin, denn es gibt ja in diesem Fall keine äußeren Institutionen und keine anderen Menschen mehr, die mich dazu antreiben, meine Fähigkeiten zu entwickeln und an mir zu arbeiten. Statt dessen muss ich die entsprechenden Schritte selber bestimmen, gestalten und dann auch konsequent durchführen, und zwar kontinuierlich und über einen längeren Zeitraum hinweg. Wenn ich dazu noch nicht in der Lage bin, dann muss ich mir die erforderlichen Fähigkeiten zunächst einmal aneignen, und zwar durch **Selbsterziehung**. Dass selbstbestimmte und selbstorganisierte Bildung Selbsterziehung erfordert, wenn sie wirklich selbstbestimmt sein soll, ist eigentlich eine Selbstverständlichkeit, die aber zumeist übersehen wird, weil − wie erläutert − in Bezug auf Bildung sehr häufig noch eine ausgesprochene Konsumhaltung vorherrscht: Menschen, die vorgeben, sich selber entwickeln und verwirklichen zu wollen, erwarten die dazu erforderlichen Hilfsmittel und Anstrengungen von anderen ...

∞ Die zweite der im ersten Abschnitt erwähnten drei Bildungsformen ist die *soziale Bildung*, d.h. die Bildung durch unmittelbare Menschenbegegnung. Wenn ich das Bildungspotenzial einer zwischenmenschlichen Beziehung wirklich ausschöpfen und entwickeln will, dann muss ich in der Lage sein, die jeweilige Beziehung bewusst mitzugestalten. Das gilt natürlich insbesondere dann, wenn ich explizit den Anspruch habe − ggf. sogar beruflich als Lehrer und Pädagoge − zur Bildung und Erziehung anderer Menschen beizutragen. Soziale Bildungsprozesse gelingen in sehr vielen Fällen nicht von alleine, sondern setzen entsprechende Fähigkeiten zur **Beziehungsgestaltung** voraus: Die Fähigkeit zur Beziehungsgestaltung ist die Voraussetzung selbstbestimmter sozialer Bildung; sie ist insbesondere die Grundlage aller pädagogischen Berufe und Tätigkeiten!

∞ Die dritte Bildungsform ist die *institutionelle Bildung*, bei welcher sich mehrere Menschen zusammentun, um gemeinsame Bildungsaktivitäten zu unternehmen. Das Zusammenwirken von Menschen in Institutionen und ganz allgemein bei der Verfolgung gemeinsamer Ziele wirft aber die unterschiedlichsten Probleme auf, von deren Bewältigung die Möglichkeit einer konstruktiven Zusammenarbeit – und damit das Gelingen institutioneller Bildung – ganz wesentlich abhängt. Gemeinsame Bildung zu organisieren, erfordert demnach grundlegende Fähigkeiten der **Gemeinschaftsgestaltung**: Die Fähigkeit zur Gemeinschaftsgestaltung ist die Voraussetzung selbstbestimmter institutioneller Bildung, d.h. der Verwirklichung freier Bildungsinstitutionen; sie ist insbesondere die Grundlage der institutionellen Selbstverwaltung.

So gründet sich der eigenständige Erwerb von Bildung auf die Fähigkeit zur *Selbsterziehung*, freie soziale Bildung auf die Fähigkeit zur *Beziehungsgestaltung*, freie institutionelle Bildung schließlich auf die Fähigkeit zur *Gemeinschaftsgestaltung*. Um den Erwerb dieser drei Fähigkeiten muss es also vor allem gehen, wenn die Perspektive einer selbstorganisierten Bildung Aussicht auf Erfolg haben soll.

Wenn sich nun eine Bildungsinstitution so organisieren und verwalten will, dass sie die individuelle Selbstbestimmung nicht allmählich immer weiter zurückdrängt und schließlich weitgehend eliminiert, dann darf sie die zwischen ihren Mitgliedern bestehenden und sich entwickelnden Beziehungen nicht nach allgemeinen Richtlinien und Verordnungen bestimmen wollen. Statt dessen müsste sie eine möglichst freie Entwicklung der sich innerhalb des institutionellen Rahmens ergebenden Beziehungen zulassen und fördern, um dann die Frage nach der zur Verfolgung der gemeinsamen Ziele notwendigen Koordination dieser Beziehungen zu stellen. Dieser letztere Aspekt betrifft die *Gemeinschaftsgestaltung* in einer Institution. Die sich entwickelnden zwischenmenschlichen Beziehungen sind aber die Basis der *sozialen Bildung* – d.h. aller unmittelbaren zwischenmenschlichen Bildungsaktivitäten – in einer Bildungsinstitution. Ohne eine freie und bewusste Gestaltung dieser Beziehungen bleibt eine Institution, mag sie auch noch so freiheitliche Zielsetzungen aufweisen, letztlich unsozial. Die Fähigkeit zur Gestaltung individueller Beziehungen ist daher die Basis jeder wirklichen Gemeinschaftsgestaltung. Dagegen ist Gemeinschaftsgestaltung ohne individuelle Beziehungsgestaltung asozial, weil sie Beziehungen „von oben her" regelt und determiniert und sie dadurch an der Entfaltung ihres individuellen Potenzials hindert.

Die bewusste Gestaltung und Individualisierung zwischenmenschlicher Beziehungen ist allerdings eine ähnlich schwierige Aufgabe wie die Selbstverwaltung einer Institution. Wie lassen sich Fähigkeiten zur Beziehungsgestaltung ausbilden? Letzten Endes setzt dies eine entsprechende *Selbsterziehung* der an einer Beziehung Beteiligten voraus: Ich kann meine zwischenmenschlichen Beziehungen nur verbessern, indem ich selber aus eigener Initiative bestimmte Entwicklungsschritte unternehme. Somit beruhen alle Fähigkeiten zur bewussten Gestaltung von Beziehungen und Gemeinschaften in letzter Konsequenz auf Selbsterziehung. Insofern erweist sich die Selbsterziehung in letzter Konsequenz als die notwenige Grundfähigkeit für jede Selbstorganisation von Bildung.

5) *Selbstausbildung*

Wie lassen sich nun die erwähnten drei Grundfähigkeiten zur Selbsterziehung, zur Beziehungsgestaltung und zur Gemeinschaftsgestaltung erwerben? Zunächst ließe sich an eine Vermittlung durch *Bildungsinstitutionen* denken: Es wäre in der Tat ungemein erfreulich, wenn derart grundlegende Fähigkeiten zur Gestaltung des eigenen Lebens und der eigenen Aktivitäten in Schulen und Hochschulen jedem Menschen als Bestandteile von dessen Allgemeinbildung vermittelt würden. Aber das ist natürlich eine unrealistische Wunschvorstellung, denn dass unser politisch gelenktes Bildungssystem keine Ausbildung von Fähigkeiten zur Selbstbestimmung und zu autonomer sozialer Gestaltung zulassen kann, wenn es längerfristig überleben will, wurde oben bereits dargestellt. Und natürlich könnten auch nur Menschen mit entsprechend bei sich selber ausgebildeten Fähigkeiten zur Selbsterziehung, Beziehungsgestaltung und Gemeinschaftsgestaltung eine lehrende Funktion zur Vermittlung eben dieser Fähigkeiten in Bildungsinstitutionen ausüben. Vom Vorhandensein derartiger Fähigkeiten in hinreichendem Umfang bei genügend vielen Menschen können wir aber zunächst nicht ausgehen, so dass die institutionelle Bildung für eine allgemeine Vermittlung der beschriebenen Grundfähigkeiten nicht in Frage kommt.

Die zweite mögliche Vermittlungsform wäre die *soziale Bildung*, bei welcher ein Mensch durch andere Menschen in seinem unmittelbaren sozialen Umfeld bei der Ausbildung seiner Fähigkeiten gefördert wird, indem diese ihm durch ihr Vorbild, durch Gespräche, Ratschläge usw. Anregungen und Hilfestellungen geben. Diesbezüglich stellt sich natürlich die Situation jedes einzelnen Menschen ganz individuell dar: Dem einen mögen reichhaltige Möglichkeiten der Unterstützung und Förderung durch seinen Bekannten-, Familien- und Freundeskreis zuteil werden; andere werden sich in wesentlich schlechteren sozialen Bildungsbedingungen zurecht finden müssen.

Die Vermittlung der erläuterten drei Grundfähigkeiten durch soziale Bildung *kann* also in einzelnen Fällen gelingen, wenn sich im Umfeld eines Menschen andere Menschen finden, die bereit und in der Lage sind, ihn bei der Ausbildung dieser Fähigkeiten zu fördern. Aber bei der sozialen Bildungsform ist jeder Mensch seinem Schicksal insofern ausgeliefert, als er die Verfügbarkeit anderer Menschen zu seiner eigenen Unterstützung nicht willentlich herbeiführen kann; vielmehr ist er diesbezüglich von seinen individuellen Begegnungen und Begegnungsmöglichkeiten abhängig. Und andererseits dürfte es auch kaum genügend Vorbilder und Förderer geben, um einen Großteil der Menschen in unserer Gesellschaft mit entsprechenden Bildungsmöglichkeiten zu versorgen, so dass es insgesamt wenig aussichtsreich erscheint, für die Selbstorganisation von Bildung auf die soziale Bildung als Vermittlungsform zu setzen, wenngleich sich die Situation für einzelne Menschen diesbezüglich durchaus positiv darstellen kann.

Die einzige Bildungsform, die prinzipiell für alle Menschen gleichermaßen verfügbar ist, ist die *Selbsterziehung*: Ab einem bestimmten Alter kann jeder geistig zurechnungsfähige Mensch gezielte und bewusste Anstrengungen zu seiner eigenen Weiterbildung betreiben. So kann er sich dann natürlich auch um die Ausbildung seiner Fähigkeiten zur Beziehungsgestaltung und zur Gemeinschaftsgestaltung kümmern. Da der einzelne Mensch bezüglich seiner Selbsterziehung weder vom Vorhandensein entsprechender Bildungsinstitutionen noch von seinem unmittelbaren sozialen Umfeld unmittelbar abhängt, ist die Selbsterziehung die einzig wirklich freie Bildungsform (vgl. o. S. 3): Was ein Mensch durch Selbsterziehung erreichen will und erreichen kann, hängt ganz von ihm selber ab. Insofern stellt die Selbsterziehung die grundlegende Bildungsform für die Entwicklung der beschriebenen Grundfähigkeiten dar und bildet damit den Ausgangspunkt für den Erwerb von Fähigkeiten zur Selbstorganisation von Bildung.

Wir hatten zunächst nach den zur Selbstorganisation von Bildung erforderlichen Fähigkeiten gefragt und waren dabei auf die drei grundlegenden Fähigkeiten zur Selbsterziehung, zur Beziehungsgestaltung und zur Gemeinschaftsgestaltung gestoßen. Daraufhin stellte sich die Frage, wie sich diese drei Fähigkeiten entwickeln und ausbilden lassen. Prinzipiell ist dies wiederum auf dreierlei Weise möglich, nämlich durch Bildungsinstitutionen (d.h. durch institutionelle Bildung), durch zwischenmenschliche Beziehungen (also durch soziale Bildung) und durch Selbsterziehung. Es zeigt sich, dass die *drei Grundfähigkeiten* zur Selbstorganisation von Bildung den *drei Bildungsformen* entsprechen, durch welche sich diese Fähigkeiten entwickeln lassen. Vereinfacht ausgedrückt besagt das: *Die Fähigkeit zur Organisation von Bildung kann nur durch Bildung erworben werden.*

Des Weiteren wurde die Fähigkeit zur Selbsterziehung als Grundlage der beiden Fähigkeiten der Beziehungs- und der Gemeinschaftsgestaltung charakterisiert. Bei der Frage nach den Ausbildungsmöglichkeiten der drei Grundfähigkeiten schied die institutionelle Bildung aufgrund des Nichtvorhandenseins geeigneter Bildungsinstitutionen aus, während sich die sozialen Bildungsmöglichkeiten als bei unterschiedlichen Menschen individuell sehr verschieden herausstellten, weswegen sich die soziale Bildung ebenfalls nicht als tragfähige gesellschaftliche Grundlage zur Vermittlung elementarer Fähigkeiten eignet. Allgemein – d.h. für alle Menschen gleichermaßen – verfügbar ist nur die Bildungsform der Selbsterziehung. *Selbsterziehung* ist daher sowohl die *Grundfähigkeit* zur Organisation von Bildung als auch diejenige *Bildungsform*, durch die sich die hierzu erforderlichen Fähigkeiten gezielt erwerben lassen.

Wenn nun

1. die Reformierbarkeit unserer Gesellschaft von der Reform unseres Bildungswesens abhängt,

2. eine Reform des Bildungswesens nur durch die Selbstorganisation von Bildung möglich ist,

3. die Selbstorganisation von Bildung die drei Grundfähigkeiten der Selbsterziehung, der Beziehungsgestaltung und der Gemeinschaftsgestaltung voraussetzt, von denen sich

4. die Selbsterziehung als Grundlage der beiden anderen Fähigkeiten erweist, welche sich

5. prinzipiell durch die drei Bildungsformen der institutionellen Bildung, der sozialen Bildung und der Selbsterziehung erwerben lassen, von denen sich aber

6. nur die Selbsterziehung als allgemein praktizierbare Bildungsform erweist, dann folgt daraus

7. dass die Selbsterziehung den alleinigen und daher notwendigen Ausgangspunkt möglicher Reformen unseres Bildungssystems und darüber hinaus unseres gesellschaftlichen Gesamtsystems bildet.

Nur durch Selbsterziehung lassen sich die zur individuellen Gestaltung von Beziehungen und Institutionen erforderlichen Fähigkeiten gezielt erwerben. Es geht also beim „Projekt Gesellschaftsreform" zunächst nicht darum, von der Gesellschaft etwas zu fordern, sondern darum, selber eine erhebliche Anstrengung zu vollbringen. An der Wurzel verengt sich daher die Frage nach der Reformierbarkeit unseres Bildungs- und Gesellschaftssystems auf die Frage: *Wie ist Selbsterziehung möglich?*

Während die Selbsterziehung nun einerseits die grundlegende Voraussetzung für die selbstbestimmte und eigenständig betriebene

Aneignung anderer Fähigkeiten darstellt, ist sie andererseits selber eine Fähigkeit, die – wie alle anderen Fähigkeiten auch – erst erworben werden muss, bevor sie sich wirkungsvoll ausüben lässt. Wie lässt sich die Fähigkeit zur Selbsterziehung erwerben? Grundsätzlich ist dies natürlich wiederum nur durch Selbsterziehung möglich, so dass hier prinzipiell eine völlige Autonomie des Menschen gegeben ist, indem er *durch* Selbsterziehung seine Fähigkeiten *zur* Selbsterziehung ausbildet, *wenn* er das will: Der Anfangsimpuls und die ersten Schritte müssen immer vom einzelnen Menschen selber ausgehen, indem er eine entsprechende Willensanstrengung vollbringen *will* und vollbringen *kann*; und er kann dies, wenn es ihm gelingt, sich mit seinem Willen gegen die in seiner eigenen Trägheit begründeten Widerstände durchzusetzen.

Das Problem hierbei ist nun aber, dass eine aus eigener Initiative betriebene Ausbildung der Fähigkeit zur Selbsterziehung bereits ein gewisses Maß an genau dieser Fähigkeit voraussetzt, weil wir ja ansonsten gar keine ersten Schritte auf dem Weg zu unserer Selbstausbildung unternehmen könnten. Der Erwerb dieser Fähigkeit besteht also im Wesentlichen tatsächlich darin, sich selber am eigenen Schopf aus dem Sumpf zu ziehen. Ist das eine realistische Erwartungshaltung? Was muss als Fähigkeit tatsächlich vorausgesetzt werden, um überhaupt in den Prozess der Selbsterziehung hinein zu kommen? *Die einzige wirklich notwendige Voraussetzung ist der Wille bzw. die Entschlossenheit, sich selber zu erziehen und umzugestalten.* Dieser Wille wird aber nur dann entstehen können, wenn die Unzufriedenheit mit der eigenen Lebenssituation und den eigenen Fähigkeiten tatsächlich größer ist als die Unlust zur kontinuierlichen Arbeit an sich selber. Das kommt relativ selten vor. Wie bei jeder vollkommen freien Tätigkeit können die ersten Schritte auch bei der Selbsterziehung nur aus eigener Initiative vollzogen oder auch unterlassen werden: Jeder einzelne Mensch ist hier vollkommen auf sich selber zurückgeworfen und kann sich fragen, was er bereit ist, zur

Ausbildung seiner Fähigkeiten zu unternehmen. Ebenso hat er die Freiheit, auf derartige Anstrengungen zu verzichten. In einer Zeit der stetig abnehmenden Förderung individueller menschlicher Entwicklung durch die Gesellschaft wird das allerdings für viele Menschen bedeuten, lebenslänglich in ihrer Lebenssituation gefangen zu bleiben sowie in ihrer eigenen Persönlichkeitsentwicklung weitgehend zu stagnieren. Wer dies als das geringere Übel ansieht, der mag sich dazu entscheiden und die Verantwortung hierfür übernehmen.

Es wird viel von Individualismus und individualistischer Gesellschaft geredet. Unter Individualismus wird dabei im Wesentlichen die freie Entwicklungsmöglichkeit jedes einzelnen Menschen verstanden. Bezüglich der Förderung der Möglichkeiten zur freien Entwicklung herrscht jedoch vielfach noch ein ganz unindividualistisches Konsumdenken vor: Andere Menschen, die Gesellschaft, die Schulen, die Politik usw. sollen die Möglichkeiten zur eigenen Entfaltung organisieren und konsumbereit zur Verfügung stellen (vgl. o. S. 20). Wenn sich unsere Gesellschaft angesichts von irreparabel erscheinenden kulturellen, sozialen und finanziellen Krisen überhaupt regenerieren können soll, dann ist es erforderlich, diesen Konsumentenstandpunkt in Bezug auf Bildung grundlegend zu überwinden. An die Stelle von Erwartungshaltungen gegenüber anderen muss die Bereitschaft und Entschlossenheit zur Eigenverantwortlichkeit für die eigene Bildung und Ausbildung treten. Eine wirklich individualistische Gesellschaft kann nur in dem Maße entstehen, in dem Menschen zu individuellen Willensanstrengungen in Bezug auf ihre eigene Entwicklung und Individualisierung bereit sind.

6) Gemeinsame Selbstausbildung

Es wurde soeben der individualistische Aspekt der Verantwortung jedes Menschen für seine eigene Bildung betont. Aber natürlich stellt sich in einer sozialen Gesellschaft auch die Frage, wie Menschen anderen Menschen bei der Ausbildung ihrer Fähigkeiten zur Selbsterziehung helfen können. Wie kann also Selbsterziehung durch soziale Bildung gefördert werden, und zwar bereits möglichst frühzeitig bei Kindern und Jugendlichen? Das ist zunächst vor allem eine Frage der *Elternpädagogik*: Wie können Eltern ihre Kinder anregen, in Bezug auf die Aneignung von Wissen und Können selber initiativ zu werden, sich selber Ziele zu setzen, sich für das Erreichen dieser Ziele verantwortlich zu fühlen, eine angemessene Selbstkritik, geeignete Methoden sowie Durchhaltevermögen bei ihren Bemühungen zu entwickeln usw. Es wäre demnach zunächst genau zu untersuchen, welcher Fähigkeiten es zur Selbsterziehung eigentlich bedarf, um daraufhin zu überlegen, wie sich die Ausbildung dieser Fähigkeiten möglichst wirksam fördern ließe. Diesbezüglich dürfte ein gesteigerter Bedarf an einer entsprechenden Bildung und an geeigneten Bildungsmöglichkeiten bei vielen Eltern bestehen.

Als zweite große Menschengruppe, die es mit der Erziehung von Kindern und Jugendlichen zu tun hat, kommen dann *professionelle Pädagogen* in Betracht, also vor allem die Lehrerinnen und Lehrer an allgemeinbildenden Schulen, aber auch Betreuer noch nicht schulpflichtiger Kinder sowie das Lehrpersonal an Hochschulen und beruflichen Ausbildungsstätten. Und da die Fähigkeit zur Selbsterziehung prinzipiell in jedem Lebensalter erlernbar ist, kann eine entsprechende Anregung und Förderung auch durch Freunde, Bekannte, Arbeitskollegen, Therapeuten usw. erfolgen. Nun müssen aber alle diese Personengruppen, wenn sie anderen Menschen bei der Entwicklung von Fähigkeiten zur Selbsterziehung helfen wollen, selber genügend von diesen Fähigkeiten und deren wirkungsvoller Vermittlung verstehen; sie müssten also entsprechend ausgebildet sein, falls sie sich nicht durch Selbsterziehung selber in den Besitz von Fähigkeiten zur Vermittlung von Fähigkeiten zur Selbsterziehung gebracht haben. Damit stellen sich u.a. die Fragen

1. nach den Möglichkeiten einer an dieser Zielsetzung orientierten Elternbildung,

2. nach geeigneten Methoden der Aus- und Weiterbildung für Lehrkräfte an allgemeinbildenden Schulen sowie

3. nach einer entsprechenden didaktischen Ausbildung von Lehrern an Hoch- und Berufsschulen sowie an anderen Bildungsstätten.

Soll eine solche Ausbildung von Eltern, Lehrern und anderen pädagogisch tätigen und ambitionierten Personen nicht dem Zufall überlassen bleiben, bedürfte es eigentlich geeigneter Bildungsinstitutionen, die diese Menschen ausbilden oder sie bei der Ausbildung ihrer Fähigkeiten unterstützen, anderen Menschen professionelle Unterstützung bei der Entwicklung von deren Fähigkeiten zur Selbsterziehung zu geben. Damit wären wir aber wieder auf der Ebene der institutionellen Bildung angekommen, von der wir doch oben behauptet hatten, dass von ihr kein durchgreifender Impuls für eine Reform unseres Bildungswesens ausgehen könne. Ist deswegen die Idee der Begründung von Institutionen zur Vermittlung von Fähigkeiten zur Selbsterziehung bzw. von Fähigkeiten zur Vermittlung dieser Fähigkeit wirklich illusorisch?

Selbsterziehung kann evidentermaßen nur jeder bei sich selbst betreiben; als eine allgemein menschliche Tätigkeit beinhaltet sie allerdings – wie alle zielbestimmten menschlichen Aktivitäten – ihre spezifischen Strukturen, Erfordernisse, Techniken und Probleme. Diese allgemeinen Faktoren des Phänomens „Selbsterziehung" lassen sich sehr wohl allgemein darstellen und können daher – so weit sie eben allgemein sind – auch allgemein gelehrt und vermittelt werden. Es wäre sogar außerordentlich praktisch und effizient, wenn sich eine Gruppe mehrerer Menschen *gemeinsam* die Grundlagen der Selbsterziehung erarbeiten würde, weil die Kenntnisse und Fähigkeiten unterschiedlicher Individuen einander hierbei ergänzen könnten: Einsichten und Fortschritte eines Einzelnen könnten der gesamten Gruppe zugute kommen, unterschiedliche Gruppenmitglieder könnten Probleme gemeinsam besprechen, sich gegenseitig reflektieren und ggf. beraten usw. In diesem Sinne hat die gemeinsame Erarbeitung von Fähigkeiten auf jeden Fall wesentliche Vorteile.

Eine solche gemeinsame Arbeit an den Grundlagen der Selbsterziehung könnte auch professionell betrieben werden; und es wäre sogar außerordentlich wünschenswert, wenn dies geschehen würde. Im Gegenteil erscheint eine Auffassung, gemäß welcher alle möglichen Projekte in unserer Gesellschaft professionell betrieben werden können, während ausgerechnet die Förderung der allerwichtigsten Fähigkeit zur Aneignung von Bildung und zur Gestaltung des eigenen Lebens eine Freizeitaktivität bleiben müsse, geradezu abwegig: Gerade die Förderung der elementaren Voraussetzungen persönlicher und gesellschaftlicher Weiterentwicklung bedürfte *dringend* der Professionalisierung, so dass Menschen, die genügend Kompetenz besitzen, andere Menschen bei der Förderung der entsprechenden Fähigkeiten anzuleiten, unbedingt die Möglichkeit haben sollten, dies auch haupt- oder nebenberuflich zu tun, wenn sie genügend Interessenten finden, die derartige Angebote in Anspruch nehmen.

Wenn nun Schulungskurse oder Arbeitsgruppen zur gemeinsamen Erarbeitung der Fähigkeit zur Selbsterziehung zu einer professionell arbeitenden, fortgesetzt und regelmäßig betriebenen Einrichtung würden, dann hätte die Vermittlung von Fähigkeiten zur Selbsterziehung die Form *institutioneller Bildung* angenommen. Eine solche Institutionalisierung würde sich nun aber von der herkömmlichen Struktur institutioneller Bildung – d.h. von Schulen und Hochschulen – in vielerlei Hinsicht unterscheiden:

1. Der Beschluss zum Angebot oder zur Begründung von Schulungskursen zur Selbsterziehung erfolgt vollkommen freiwillig und ganz aus eigener Initiative (hierin durchaus noch einer freien Schulgründung vergleichbar).

2. Die Teilnahme an derartigen Kursen ist ebenfalls vollkommen freiwillig. Ein Angebot wird dann zu einer gemeinsamen Arbeit führen, wenn und solange es genügend Interessenten für dieses Angebot gibt.

3. Es gibt *keinerlei* staatliche Regulierung.

4. Es gibt keinerlei Abschlüsse oder Zertifikate.

5. Es gibt keinerlei Prüfungen und Zensuren.

6. Die Finanzierung ist – falls sie erforderlich sein sollte – eine Frage der gemeinsamen Absprache.

7. Eine derartige freie Bildungsinstitution besteht genau so lange, wie es genügend Menschen gibt, die an ihr teilnehmen.

8. Es bedarf weder eines formalen Gründungs- noch eines Auflösungsbeschlusses; an die Stelle dieser Aktivitäten treten die Beschlüsse zur gemeinsamen Arbeit und zur Beendigung dieser Arbeit.

Es dürfte deutlich sein, dass eine derartig strukturierte Bildungsorganisation mit sehr vielen Problemen, die sich in konventionellen staatlichen oder privaten Bildungsinstitutionen finden, nicht behaftet sein wird. Sie wird es allerdings sehr wohl mit fundamentalen Problemen der Gemeinschaftsbildung zu tun haben, die sie innerhalb ihres eigenen Rahmens selber lösen muss. Aber keinesfalls lässt sich die oben begründete Skepsis gegenüber der institutionellen Bildung einfach auf wirklich freie Bildungsinstitutionen[6] übertragen.

---

[6] Keine Schule, die zu einem staatlich verordneten Abschluss führen muss, ist wirklich frei. Also gibt es keine freien allgemeinbildenden Schulen.

Die Fähigkeit zur Selbsterziehung ist die grundlegende Voraussetzung für die persönliche Weiterentwicklung eines Menschen: Ob es darum geht, sich beruflich aus eigenem Antrieb weiter zu qualifizieren, sich in ein neues Wissensgebiet einzuarbeiten oder gezielt an der Entwicklung seiner charakterlichen Fähigkeiten zu arbeiten: Auf all diesen Gebieten ist Selbsterziehung die notwendige Grundfähigkeit, um selber die Richtung seiner eigenen Entwicklung bestimmen zu können. Aber nicht nur die Fähigkeit zur Selbsterziehung, sondern auch die beiden Fähigkeiten zur Beziehungsgestaltung und zur Gemeinschaftsgestaltung stellen weit mehr dar als nur elementare Voraussetzungen der Selbstorganisation von Bildung. Vielmehr wird sich ohne diese beiden Grundfähigkeiten, mit anderen Menschen umzugehen und sich in Gemeinschaften angemessen zu verhalten, kaum ein befriedigendes Leben führen lassen. Soll es zudem darum gehen, sich aktiv an der Gestaltung der Gesellschaft zu beteiligen, dann müsste eigentlich noch eine vierte Fähigkeit hinzu treten, nämlich das Vermögen, die wesentlichen Strukturen der menschlichen Gesellschaftsbildung zu begreifen. Dieser Bildungsbereich ließe sich als *Gesellschaftsgestaltung* bezeichnen, so dass zur elementaren Fähigkeit zur Selbsterziehung drei *soziale Grundfähigkeiten* hinzukämen:

∞ Ich habe in unterschiedlichsten Zusammenhängen – sowohl in der Arbeit als auch in meinem privaten und gesellschaftlichen Umfeld – immer wieder mit anderen Menschen zu tun. Von der Gestaltung meiner Beziehungen zu anderen hängt das Gelingen meines Lebens ganz wesentlich ab. Befriedigende zwischenmenschliche Arbeits- und Privatbeziehungen gestalten sich aber nicht von alleine, sondern setzen entsprechende Fähigkeiten zur **Beziehungsgestaltung** voraus.

∞ Insbesondere im Arbeitsleben, aber auch beim Verfolgen von privaten und gesellschaftlichen Interessen muss ich mich vielfach mit anderen Menschen zusammen tun, um bestimmte Ziele erreichen zu können. Das Zusammenwirken von Menschen bei der Verfolgung gemeinsamer Ziele wirft aber die unterschiedlichsten Probleme auf, von deren Bewältigung die Möglichkeit einer konstruktiven Zusammenarbeit ganz wesentlich abhängt. Gemeinsame Wirksamkeit zu organisieren, erfordert demnach Fähigkeiten der **Gemeinschaftsgestaltung**.

∞ Jeder einzelne Mensch, jede zwischenmenschliche Beziehung und jede Arbeitsgemeinschaft steht innerhalb des gesellschaftlichen Gesamtzusammenhanges, wird von diesem beeinflusst und wirkt in ihn hinein. Um ein Bewusstsein von diesen Zusammenhängen und den eigenen sozialen Gestaltungsmöglichkeiten zu entwickeln, ist es erforderlich, die allgemeinen Strukturen des gesellschaftlichen Zusammenlebens, d.h. die **Gesellschaftsgestaltung** näher zu untersuchen.

Insofern stellen sich die vier Fähigkeiten zur Selbsterziehung, zur Beziehungsgestaltung, zur Gemeinschaftsgestaltung und zur Gesellschaftsgestaltung als die vier elementaren menschlichen Grundfähigkeiten zu einer bewussten und selbstbestimmten Lebensführung dar, nämlich

∞ **Selbsterziehung** als die Fähigkeit, sich Fähigkeiten anzueignen und an sich selber zu arbeiten

∞ **Beziehungsgestaltung** als die Fähigkeit, seine zwischenmenschlichen Beziehungen bewusst zu gestalten

∞ **Gemeinschaftsgestaltung** als die Fähigkeit, sich mit anderen Menschen zusammen in Interessen- und Arbeitsgemeinschaften zu organisieren

∞ **Gesellschaftsgestaltung** als die Fähigkeit, aktiv an der Gestaltung unserer Gesellschaft mitzuwirken

Um die Vermittlung und den Erwerb dieser vier Grundfähigkeiten müsste es in einem modernen, menschengemäßen Bildungssystem vor allem gehen, denn von diesen Schlüsselkompetenzen hängt auch die Fähigkeit zur Organisation und zum Erwerb von Bildung entscheidend ab. Demzufolge besteht mein Vorschlag zu einer grundlegenden Reform unseres Bildungssystems darin, möglichst systematisch und konzentriert die Grundlagen dafür zu schaffen, dass möglichst viele Menschen die dargestellten Grundfähigkeiten erwerben können. Da eine allgemeine Vermittlung von Bildung nur auf der Ebene der institutionellen Bildung möglich ist (vgl. S. 2), stellt sich die Frage, wie solche Institutionen bzw. solche allgemeinen Bildungszusammenhänge beschaffen sein müssten, um ihren selbstgesetzten Zielen gerecht werden zu können.

7) *Selbstorganisierte Bildungsgemeinschaften*

Die Idee zu einer bestimmten Bildungsinitiative kann immer nur von einem einzelnen Menschen ausgehen, denn nur einzelne Menschen – nicht aber Menschengruppen – können Ideen haben. So ist es möglich, dass einzelne Personen den Impuls ausbilden, anderen Menschen bei der Entwicklung ihrer Fähigkeiten zu helfen und hierzu entsprechende Angebote (in Form von Vorträgen, Schulungskursen, schriftlichen Publikationen o.ä.) machen. Unter Umständen finden sie bezüglich ihrer Intentionen Gleichgesinnte, mit denen zusammen sie gemeinsame Bildungsinitiativen verwirklichen wollen. Hierbei werden dann gewisse Absprachen bezüglich der Verteilung der jeweiligen Aufgaben und Verantwortlichkeiten erforderlich sein. Diese Absprachen und Vereinbarungen sind Gegenstand der individuellen *Beziehungsgestaltung* zwischen den jeweils Beteiligten; und von deren Fähigkeiten zur Beziehungsgestaltung wird es wesentlich abhängen, inwieweit sich eine beide Beteiligten zufrieden stellende Zusammenarbeit entwickeln kann. Schließlich kann sich auch eine

Gruppe von Menschen dazu entschließen, eine beständige Form der Zusammenarbeit zu versuchen. In diesem Fall würde es sich die Begründung einer institutionellen Bildungsform handeln. Die hiermit verbundenen Aufgabenstellungen und Probleme gehören der Ebene der *Gemeinschaftsgestaltung* an.

Für jede Form von institutionalisierter Bildung ist das Problem der Gemeinschaftsgestaltung – d.h. die Fähigkeit der einzelnen Beteiligten zur gemeinsamen Harmonisierung ihrer Aktivitäten – von zentraler Bedeutung. Eine gemeinschaftlich betriebene Bildungsinitiative wird das Problem der Gemeinschaftsbildung unmittelbar an sich selbst erleben. Sie ist deswegen gut beraten, sich mit den Grundlagen der Gemeinschaftsgestaltung auch theoretisch – d.h. als Bildungsinhalt – auseinander zu setzen. Es stellt sich dann die Frage, mit welcher Konsequenz die hierbei erworbenen Einsichten in die Praxis umgesetzt werden. Die Arbeit an der Gestaltung der eigenen Arbeitsgemeinschaft ist der *praktische* Aspekt der Gemeinschaftsgestaltung. Das Ziel hierbei muss die Homogenität bzw. *Entsprechung von Theorie und Praxis* sein. Dies wird nur durch eine lebendige Wechselbeziehung zwischen den Bildungsinhalten und deren Anwendung in der gemeinsamen Arbeitsgestaltung möglich sein. Jede der beiden Ebenen kann die jeweils andere inspirieren und auf ein höheres Niveau heben: Die theoretischen Einsichten bezüglich der Gemeinschaftbildung sollen einerseits in der Gestaltung der eigenen Arbeitsgemeinschaft praktisch umgesetzt werden, während andererseits die bewusst erlebten und ausgewerteten Erfahrungen bei dem Versuch der Harmonisierung der gemeinsamen Aktivitäten zu neuen Einsichten in Bezug auf das Wesen und die Probleme der Gemeinschaftsgestaltung führen werden. Diese *wechselseitige Steigerung von Theorie und Praxis* ist konstitutiv für das Gelingen der Gestaltung freier Bildungs- und Arbeitsgemeinschaften.

Innerhalb einer selbstorganisierten Gemeinschaft zur Erarbeitung von Bildungsinhalten werden sich im Verlauf der gemeinsamen Arbeit auch die individuellen Arbeits- und Privatbeziehungen zwischen ihren einzelnen Mitgliedern auf unterschiedliche Weise entwickeln und zu unterschiedlichen Problemen führen. Ob sich Beziehungen produktiv entwickeln, hängt entscheidend von den Fähigkeiten der jeweils an einer Beziehung beteiligten Menschen zur Beziehungsgestaltung ab, weswegen sich eine intensive Beschäftigung mit diesem Thema dringend empfiehlt (vgl. o. S. 35). In der Gestaltung der eigenen Beziehungen ist dann wiederum ein praktisches Übungsfeld gegeben, indem es einerseits darum gehen muss, die bezüglich der Beziehungsgestaltung gewonnen Einsichten auf die Gestaltung der individuellen Beziehungen innerhalb der eigenen Arbeitsgemeinschaft anzuwenden und umzusetzen. Andererseits kommt es darauf an, die bei der Gestaltung der eigenen Beziehungen gemachten Erfahrungen für sich und ggf. auch gemeinsam zu reflektieren, um hierdurch wiederum das eigene Wissen und die Fähigkeiten zur Gestaltung von Beziehungen zu erweitern. Auch hier werden sich die Fähigkeiten der an einem solchen Projekt beteiligten Menschen durch die wechselseitige Anregung von Theorie und Praxis allmählich steigern, wodurch sich auch das soziale und sachliche Gesamtniveau der Arbeitsgemeinschaft erhöhen wird: Durch fortgesetzte Arbeit an den eigenen Fähigkeiten der Gemeinschafts- und Beziehungsgestaltung wird sich zugleich die Fähigkeit, gemeinsam an Bildungsinhalten zu arbeiten, immer weiter verbessern.

Die gemeinsam betriebene Gemeinschaftsbildung und die Gestaltung individueller Beziehungen innerhalb einer Arbeitsgemeinschaft stellen deren eigentliche *soziale Übungs- und Betätigungsfelder* dar. Solange nun eine Menschengruppe ihre eigenen diesbezüglichen Probleme nicht lösen kann, erscheint es vermessen, von dieser Gruppierung einen Beitrag zur Lösung gesellschaftlicher Probleme zu erwarten, denn die prinzipiellen Aufgaben und Probleme der *Gesellschaftsgestaltung* sind in weiten Teilen dieselben wie diejenigen der Gemeinschaftsgestaltung. Insofern ist die Aufgabenstellung der gemeinsamen Gestaltung und Selbstorganisation einer Arbeitsgemeinschaft geradezu ein „Sozialpraktikum" für das wesentlich komplexere, aber ähnlich strukturierte Feld der Gesellschaftsgestaltung: Nur von Menschen, die sich als fähig erwiesen haben, praktische Probleme der Gemeinschaftsgestaltung zu lösen, kann ein konstruktiver und praktikabler Beitrag zur Lösung gesellschaftlicher Probleme erwartet werden.[7]

Die soeben erörterte Forderung nach der Kongruenz von Theorie und Praxis gilt selbstverständlich auch für die Selbsterziehung: Entscheidend ist, wie jeder einzelne an einer Arbeitsgemeinschaft Beteiligte die durch die gemeinsame Arbeit empfangenen Anregungen *bei sich selber* umsetzt. Einerseits kann er dann seine eigenen praktischen Erfahrungen mit diesem Thema in die gemeinsame Arbeit einbringen und dadurch anderen Gruppenmitgliedern u.U. entsprechende Anregungen geben. Andererseits werden die praktischen Ergebnisse seiner eigenen Selbsterziehungsbemühungen in den Bereichen der Beziehungsgestaltung und der Gemeinschaftsgestaltung in gesteigerten Fähigkeiten zur Zusammenarbeit resultieren und dadurch zu einer allmählichen, aber stetigen Erhöhung des Niveaus der gemeinsamen Arbeit beitragen: Durch fortgesetzte Selbsterziehungsbemühungen ihrer Teilnehmer sowie durch deren Bereitschaft und Fähigkeit, anderen Mitgliedern bei deren Bemühungen (durch Reflexion, konstruktive Kritik, Anregungen usw.) behilflich zu sein, wird eine Arbeitsgemeinschaft zunehmend effektiver arbeiten und sich selber besser organisieren können. Aus einer solchen Perspektive der stetigen Arbeit aller Mitglieder einer Arbeitsgemeinschaft an sich selbst sowie deren wechselseitiger Unterstützung in ihren Bemühungen erscheint dann auch die Entwicklung wirklich freier, selbstorga-

---

[7] Unter diesem Gesichtspunkt erweisen sich gerade unsere politischen Parteien mit ihren zahlreichen internen Querelen, Machtkämpfen, ihrer Unterdrückung freier Diskussionen, der Bevorzugung aggressiver Rhetorik und Polemik usw. als wenig prädestiniert, sich an der Lösung gesellschaftlicher Probleme zu versuchen.

nisierter Bildungsinstitutionen nicht mehr als eine Illusion. Der entsprechende dialektische Dreischritt, den ich einer Neugestaltung unseres Bildungssystems zugrunde legen würde, lautet demnach:

1) Selbsterziehung

2) wechselseitige Unterstützung (= soziale Bildung)

3) gemeinsame Arbeit (= institutionelle Bildung)

Aus einer von Selbsterziehung und wechselseitiger Hilfestellung getragenen gemeinsamen Arbeit werden m.E. ganz andere und wesentlich wirkungsvollere Impulse zu gesellschaftlichen Veränderungen hervorgehen können, als dies bisher der Fall ist. Entscheidend ist, dass diese Impulse weniger auf soziale Umgestaltungen *ausgerichtet* sind, als dass sie vielmehr schon selber Umgestaltungen des gesellschaftlichen Lebens *sind*, da sie – prinzipiell öffentlich zugänglich – *in* der Gesellschaft (und nicht etwa außerhalb derselben) stattfinden: Eine wirklich gelingende Selbstorganisation von Bildung kann andere Menschen dazu anregen, die Erarbeitung ihrer eigenen Bildung und der dafür erforderlichen Fähigkeiten ebenfalls selber zu organisieren, so dass sich allmählich neue Verhaltensformen und Standards in Bezug auf die Autonomie von Bildungsprozessen entwickeln können. Für eine Umsetzung solcher freiheitlich betriebener, andere Menschen niemals schädigender Bildungsprozesse auf die Schaffung gesetzlicher Grundlagen zu warten, wäre ein illusorisches Unterfangen, das sich auf das oben bereits kritisierte Konsumdenken in Bezug auf die Schaffung wünschenswerter Bildungsverhältnisse zurückführen lässt. Wohl aber werden veränderte Gesetzgebungen die *Folge* veränderter Lebens- und Bildungsstandards sein und sich diesen anpassen müssen, wenn die gesetzgebenden Instanzen nicht jegliche Autorität bei der von ihnen regierten Bevölkerung verlieren wollen: Auch die Europäische Union wird längerfristig nur weiter existieren können, wenn die von ihr erlassenen Gesetze auf ein hinreichendes Maß an Akzeptanz in der Bevölkerung ihrer Mitgliedsstaaten stoßen.

Bei der Selbstorganisation von Bildung geht es demnach nicht nur darum, sich selber alleine oder durch Zusammenarbeit mit anderen Menschen auf selbstbestimmte Weise Fähigkeiten anzueignen. Vielmehr kommt es darauf an, sich zunächst einmal die zur Selbstorganisation der eigenen Bildung erforderlichen Fähigkeiten zu erwerben. Auch die Möglichkeiten hierzu müssen selber organisiert werden; und das Hauptanliegen der hier vorgetragenen Ausführungen besteht darin, zur Begründung solcher Bildungszusammenhänge anzuregen, die eine möglichst effiziente und allgemein zugängliche Ausbildung dieser Fähigkeiten ermöglichen. Wo immer ein solcher Versuch unternommen wird, wird er die beteiligten Menschen mit den elementaren Problemen der Selbsterziehung, der Beziehungsgestaltung und der Gemeinschaftsgestaltung konfrontieren. Nur durch eine kontinuierlich und bewusst betriebene Auseinandersetzung mit diesen (den eigenen) Problemen kann es gelingen, gemeinsam wirklich freie Bildungsformen zu verwirklichen und das Niveau der eigenen Aktivitäten sowie deren interne und gesellschaftliche Wirksamkeit allmählich zu erhöhen: *Der Aufbau wirklich freier Bildungsinstitutionen verlangt einen ganz anderen Grad an Bewusstheit und Selbstreflexion, als dies bei Menschen normaler Weise gegeben ist und vorausgesetzt werden kann*; und um die Ausbildung dieser Bewusstseinsfähigkeiten geht es bei der Neuorganisation von Bildung vor allem.

Diesbezüglich können sich alle Menschen angesprochen fühlen, die ihre eigene Bildung nicht den von Staat und Wirtschaft hierfür vorgesehen Bildungsformen überlassen wollen, sondern genügend Initiative aufbringen, ihre Bildung selber zu organisieren und sich mit den hierbei auftretenden Problemen gründlich auseinander zu setzen. Das betrifft zunächst einmal ganz allgemein Menschen, die sich für grundlegende Fragen der eigenen Lebensgestaltung und der sozialen Gestaltung interessieren, insbesondere aber solche, die vor einer beruflichen oder biografischen Neuorientierung stehen oder das Bedürfnis danach haben und bereit sind, an der Ausbildung der hierfür erforderlichen Fähigkeiten zu arbeiten. Vor allem wird das Thema der selbstorganisierten Bildung für junge Menschen immer dringlicher werden, die vor der Wahl einer geeigneten Ausbildung stehen und noch nicht genau wissen, in welche Richtung sie sich orientieren können und wollen: Die zukünftige Entwicklung des Arbeitslebens in unserer Gesellschaft wird in immer höherem Grad die Selbstorganisation von Bildung und Ausbildung erfordern, sofern sich Menschen nicht weiterhin zu bloßen Lohn- oder Sozialhilfeempfängern degradieren lassen wollen. Hierbei kann die Selbstorganisation von Bildung die konventionellen Ausbildungsformen auch ergänzen, indem Studierende oder Auszubildende, die den Eindruck haben, in ihrem Studium bzw. in ihrer Ausbildung grundlegende Fähigkeiten nicht vermittelt zu bekommen, sich zusätzlich zu ihrer formellen Ausbildung selber Bildungsinhalte erarbeiten. In gewissem Umfang kann das durchaus auch schon Oberstufenschüler betreffen, denen das Bildungsangebot der Schule zu Fragen der eigenen Lebensgestaltung und –orientierung nicht ausreicht.

Insbesondere sind bei der Erarbeitung neuer Grundlagen zur Gestaltung von Bildung natürlich pädagogisch ambitionierte Menschen angesprochen, wie z.B. Lehrerinnen und Lehrer, die außerhalb der konventionellen Lehrerbildung und –ausbildung nach zusätzlichen Grundlagen ihrer Arbeit suchen. Auf diesem Wege könnten die hier beschriebenen Impulse allmählich auch in offizielle Bildungsinstitutionen – d.h. in solche mit staatlich anerkannten Abschlüssen – einfließen. Insofern richten sich die hier dargestellten Anregungen nicht zuletzt an Bildungsinstitutionen und Mitarbeiter solcher Institutionen, die an neuen Wegen der Selbstorganisation und Selbstverwaltung interessiert sind.